Blue Suitcase Traveler Journals

Imprint: Independently published

Dieses REISETAGEBUCH Gehört

_____

MEINE REISE

_____ BIS _____

Alles erledigt vor der Reise?

- ☐ HOTEL / UNTERKUNFT GEBUCHT?
- ☐ BAHN- / FÄHR- / FLUG-TICKETS GEBUCHT?
- ☐ MIETWAGEN GEBUCHT?
- ☐ AUSLANDSKRANENVERSICHERUNG ABGESCHLOSSEN?
- ☐ WICHTIGE UNTERLAGEN KOPIERT?
- ☐ PERSONALAUSWEIS / FÜHRERSCHEIN NOCH GÜLTIG?
- ☐ IMPFAUSWEIS AKTUELL?
- ☐ BARGELD IN LOKALER WÄHRUNG UND EURO?
- ☐ _____
- ☐ _____
- ☐ _____
- ☐ _____
- ☐ _____
- ☐ _____
- ☐ _____
- ☐ _____

Packliste

BEKLEIDUNG
- ☐ HOSEN
- ☐ T-SHIRTS
- ☐ UNTERWÄSCHE
- ☐ WARME JACKE
- ☐
- ☐
- ☐
- ☐

ELEKTRO / FOTO
- ☐ BATTERIEN
- ☐ KAMERA
- ☐ LADEKABEL
- ☐ MOBILTELEFON / SMARTPHONE
- ☐
- ☐
- ☐

HYGIENEARTIKEL
- ☐ DUSCHGEL
- ☐ HAARSHAMPOO
- ☐ HANDCREME
- ☐ ZAHNBÜRSTE
- ☐ ZAHNPASTA
- ☐
- ☐

SONSTIGE AUSRÜSTUNG
- ☐ OHRSTÖPSEL
- ☐ MÜCKENSPRAY
- ☐ NOTFALL MEDIPACK
- ☐ PAPIER-TASCHENTÜCHER
- ☐ REGENJACKE
- ☐ SNACKS
- ☐ SONNENSCHUTZMITTEL
- ☐ WASSER
- ☐ ZIPPER BEUTEL
- ☐
- ☐
- ☐
- ☐
- ☐
- ☐
- ☐
- ☐
- ☐
- ☐
- ☐
- ☐
- ☐
- ☐

Meine TOP-Sehenswürdigkeiten: Was ich unbedingt sehen muss

☐ _____

☐ _____

☐ _____

☐ _____

☐ _____

☐ _____

☐ _____

☐ _____

☐ _____

☐ _____

Printed in Poland
by Amazon Fulfillment
Poland Sp. z o.o., Wrocław

17811630R00075